JOURNAL MANUSCRIT

D'UN VOYAGE

DE DIJON EN PROVENCE

Par M. FLEUTELOT en l'année 1719

ANALYSÉ ET RÉSUMÉ

PAR

M. Charles VINCENS

de l'Académie des Sciences, Lettres et Arts de Marseille
Président du Comité des Assureurs Maritimes
Conseiller de direction de la Caisse d'Épargne des Bouches-du-Rhône
Administrateur de la Banque Populaire
Vice-Président de l'Association Polytechnique
Président de la Société de Secours mutuels des Artistes musiciens
Membre de la Chambre syndicale de la Société pour la Défense du Commerce
et de l'Industrie
Vice-Président de l'Œuvre Hospitalière de nuit
Membre Correspondant de la Société des Études Historiques
et de la Société Philotechnique de Paris
Etc., etc.

MARSEILLE

TYPOGRAPHIE ET LITHOGRAPHIE BARLATIER
19, Rue Venture, 19

1905

JOURNAL MANUSCRIT

D'UN VOYAGE

DE DIJON EN PROVENCE

Par M. FLEUTELOT en l'année 1719

ANALYSÉ ET RÉSUMÉ

PAR

M. Charles VINCENS

de l'Académie des Sciences, Lettres et Arts de Marseille
Président du Comité des Assureurs Maritimes
Conseiller de direction de la Caisse d'Épargne des Bouches-du-Rhône
Administrateur de la Banque Populaire
Vice-Président de l'Association Polytechnique
Président de la Société de Secours mutuels des Artistes musiciens
Membre de la Chambre syndicale de la Société pour la Défense du Commerce
et de l'Industrie
Vice-Président de l'Œuvre Hospitalière de nuit
Membre Correspondant de la Société des Études Historiques
et de la Société Philotechnique de Paris
Etc., etc.

MARSEILLE

TYPOGRAPHIE ET LITHOGRAPHIE BARLATIER

19, Rue Venture, 19

—

1905

JOURNAL MANUSCRIT

D'UN

VOYAGE DE DIJON EN PROVENCE

PAR M. FLEUTELOT

En l'Année 1719

ANALYSÉ ET RÉSUMÉ PAR M. CH. VINCENS

(Lecture faite à l'Académie des Sciences, Lettres et Arts de Marseille, le 13 Avril 1905)

Au commencement du xviiie siècle, une famille parlementaire de Bourgogne s'était élevée, depuis la petite bourgeoisie, jusqu'au sommet de la hiérarchie bourguignonne, en passant par la mairie et la magistrature. C'était, d'ailleurs, d'un exemple assez fréquent.

Claude Fleutelot, en effet, conseiller au Parlement de Bourgogne, de 1699 à 1721, et sur lequel j'aurai à revenir tantôt, descendait de Jehan Fleutelot, modeste marchand à Dijon au commencement du xvie siècle, dont le fils fut notaire, puis syndic de la ville en 1559. — Celui-ci avait eu pour successeur dans sa charge son fils qui, au plus fort de la Ligue, en 1594, fut élu vicomte maïeur de Dijon. Au retour de la bataille de Fontaine-Française, Henri IV lui accorda (juin 1594) des lettres de noblesse, et créa pour lui une charge de président à la Chambre des Comptes de Bourgogne « pour le récompenser des « services qu'il avait rendus au péril de sa vie lors « de la reddition de la ville en l'obéissance du Roy. »

Ses descendants continuèrent l'illustration de la maison, qui avait deux branches : un cousin, Jehan Fleutelot, procureur syndic aux Etats de Bourgogne, mort avant 1589, avait eu un fils, maître ordinaire en la Chambre des Comptes. Celui-ci, marié le 9 mai 1678 avec Marthe Jacotot, eut une fille et deux fils dont l'un, reçu conseiller au Parlement de Bourgogne en 1653, et marié à Philiberte Creusevault, exerça sa charge durant trente-neuf années. Son petit-fils, Philibert André, né en 1714, et qui épousa la fille du célèbre président Bouhier, de l'Académie Française, fut conseiller au même Parlement, de 1733 à 1787, soit durant cinquante-quatre ans ; et un autre Fleutelot, Claude, petit-fils du Procureur Syndic, exerça la même charge durant soixante-dix années, de 1716 à 1785. A cette époque, la magistrature était vraiment inamovible, et persistante dans les mêmes familles. Mais je retiens particulièrement le nom de Claude, fils aîné de Jehan et de damoiselle Philiberte Creusevault, car c'est de lui et de son fils que j'aurai à m'occuper dans cette notice.

Cet exposé sommaire d'une famille de robe du XVIe au XVIIIe siècle, est un exemple, entre mille, de l'ascension normale d'une famille française dans la hiérarchie sociale, et montre combien la Royauté s'empressait de relever et s'attacher le mérite là où elle le trouvait : Colbert, l'un des plus grands ministres qu'ait eus la France, n'était-il pas le fils d'un marchand drapier de Rouen ? Nous voyons, de même, les Fleutelot, à Dijon, d'abord marchands au commencement du xvie siècle, occuper successivement les fonctions de praticien, notaires, syndics, puis vicomtes maïeurs annoblis par Henry IV, syndics aux Etats de Bourgogne, maîtres à la Chambre des Comptes, conseillers au Parlement ; et enfin, admis à la Chambre de la Noblesse aux Etats de Bourgogne. On s'élevait donc, à cette époque, aussi bien que de nos jours : mais c'était la famille, qui, peu à peu, au cours des siècles, s'élevait par le talent et la probité, non l'individu en quelques années. Pourrions-nous dire qu'il en soit de même aujourd'hui ?

J'ai été amené aux recherches qui m'ont permis de donner les détails qui précèdent, par une circonstance bien intéressante, due à l'obligeante amitié d'un lettré, curieux des choses de l'esprit : mon digne ami M. Emile Ricard, frère du célèbre peintre marseillais, a bien voulu me communiquer récemment un manuscrit qui lui était tombé sous la main au cours de ses pérégrinations chez les bouquinistes, et qui lui avait paru devoir intéresser un lecteur marseillais : c'est le *Journal d'un Voyage en Provence*, fait en 1719, par un tout jeune homme,

Jean-Baptiste Fleutelot, fils de Claude — le conseiller au Parlement de Bourgogne. — J'ai été fort intéressé, en effet, par cette lecture ; et, voulant reconstituer ensuite la personnalité de ce jeune voyageur, je me suis adressé à l'un de mes parents, avocat à la Cour de Dijon, M. Maurice Poisot, un lettré lui-même, qui a eu l'obligeance de me faire envoyer par M. Gabriel Dumay, ancien magistrat et secrétaire de l'Académie des Sciences, Arts et Belles-Lettres de Dijon, une notice généalogique complète sur les Fleutelot. Je leur en suis très reconnaissant à tous deux.

Le manuscrit de Jean Fleutelot est un in-8° de 97 feuilles, soit 194 pages, couvertes d'une petite écriture régulière, en ronde bâtarde de l'époque. L'auteur nous indique, dès la première page de son Journal, que son père, grand voyageur lui-même, avait parcouru les divers pays de l'Europe ; — et l'Express-Orient n'existait pas encore ! — C'est cette passion des voyages qui, se manifestant chez le fils à son tour, avait fait espérer à celui-ci, — très avancé en géographie, nous dit-il, — l'autorisation paternelle pour ce voyage en Provence qu'il avait vivement désiré entreprendre bien que son jeune âge, — il n'avait encore que 15 ans, — lui parût être un obstacle à cette entreprise. Mais le père ne s'en éloigna pas, ajoute-t-il, « soit par l'attachement qu'il avait pour « son fils, soit pour l'unique passion qu'il avait « toujours témoignée en toutes occasions de ne rien « me refuser pour me donner une éducation conve-

« nable à ma condition. Et non seulement mon
« père eut la complaisance de consentir à ce que
« je fisse ce voyage, mais encore, se détermina lui-
« même à m'accompagner pour ne point confier
« ma conduite à des soins étrangers ni à d'autres
« qu'à son amour véritablement paternel, duquel
« il me donna en cette occasion une marque très
« singulière et sensible ensemble de l'attachement
« qu'il avait pour moi comme étant son seul fils et
« unique héritier. »

Ces quelques lignes nous rendent bien sympathique déjà ce fils respectueux et tendre : elles confirment ce qu'a dit M. de Ribbes des sentiments de l'ancienne Société Française, où les fils terminaient toujours les lettres adressées à leurs parents par cette formule : « Votre fils obéissant... »

Voilà donc le jeune Fleutelot parti de Dijon avec son père pour leur voyage en Provence. C'était, d'ailleurs, l'époque des vacances, « des vacations, et de la tempérance des grandes chaleurs », dit le jeune écolier ; et la saison était propice aux voyageurs, dont le manuscrit nous relate non des impressions, mais uniquement des faits, et sans aucun ornement, des descriptions très simples ; et cela se conçoit, puisque l'écrivain est encore un enfant, pour ainsi dire : il a 15 ans à peine, écrit-il dans l'avant-propos, de son manuscrit ; mais dans la notice généalogique dont j'ai donné tantôt un extrait, notre savant confrère de Dijon, M. Gabriel Dumay, démontre que Jean-Baptiste se rajeunit un peu puisque, baptisé le 29 novembre 1702, il avait 17 ans lorsqu'il entreprenait ce voyage en 1719. — Or, descendant d'une famille de Conseillers au Parlement, et ayant reçu une instruction assez avancée, même dans les sciences, il semble que Jean-Baptiste Fleutelot aurait pu parsemer la relation de son voyage de quelques observations piquantes, y mettre un peu d'humour, ce que n'eut certainement pas manqué de faire un Provençal...

Toutefois, ce journal, où tout est bien vu et bien décrit, offre un réel intérêt par la comparaison de ce qui était, il y a près de deux siècles, dans les villes parcourues, avec ce que nous y voyons aujourd'hui.

C'est ainsi que, à Lyon, par exemple, J.-B. Fleutelot donne (page 21) la description de la magnifique statue équestre de Louis XIV, chef-d'œuvre de Desjardins, que les Révolutionnaires détruisirent en 1792. — On sait que la statue équestre actuelle est due à Lemot, et ne date que de la Restauration : la précédente avait été commandée par le maréchal de la Feuillade, en 1713, à Desjardins — dont diverses églises de Paris contenaient des ouvrages qui furent détruits pendant la Révolution. — La statue de Louis XIV, sur la place Bellecour, à Lyon, n'a pas échappé à ce vandalisme, mais la description qu'en donne notre jeune voyageur nous la fait revivre, sur son haut piédestal de marbre noir et blanc, avec la jambe *gauche* en avant : ce qui lui paraît un défaut très essentiel. Le « pied d'estail » était tout enrichi de festons et « tronchiés » de cuivre doré ; le tout, d'un ouvrage achevé. Au bas, on voyait deux grandes figures allégoriques en bronze « au naturel, et appuyées », représentant le Rhône et la Saône. — On sait que, actuellement, ce remarquable ouvrage des Coustou est placé dans le vestibule de l'Hôtel de Ville de Lyon.

Lyon excite, d'ailleurs, l'admiration de J.-B. Fleutelot, qui explique la beauté, la régularité et la symétrie des constructions par un système local qu'il serait bien difficile de remettre en vigueur aujourd'hui ; c'est pourquoi il est encore plus à regretter qu'on ne l'ait pas adopté, quand il en était temps encore, à Marseille où tant de choses heurtent l'œil et même la logique, par l'absence de symétrie et de plan dans notre ville : il y a, nous dit le jeune voyageur, « un homme que l'on qualifie de grand
« voyer, lequel est préposé pour veiller à toutes les
« nouvelles constructions, et l'on ne peut faire aucun
« bastiment sans qu'il n'ayt prescrit et ordonné de
« la manière qu'il doivent être placés, tournés et
« cymétrisés afin de les alligner à ceux qui sont déjà
« faits... Il lui est même permis de faire raser ou
« démolir la maison d'un particulier lorsqu'elle ne
« répond pas à ce qui est déjà construit : et si le
« bourgeois auquel elle appartient ne se trouve point
« en volonté ou bien en état de suporter la dépense
« d'un nouvel édifice, c'est le grand voyer, qui, lui-
« même, se donne tous les soins nécessaires pour,

« sans fouler celui à qui elle appartient, la faire
« estimer ; et pour lors, la ville la paye à ce bour-
« geois qui en est propriétaire, ou bien à ses créan-
« ciers s'il y en a ; de manière qu'il est aisé de
« concevoir qu'avec de telles précautions si elles
« subsistent, la ville de Lyon deviendra par la suite
« des temps la plus superbe et régulière en matière
« de construction qu'aucunes autres qu'il pourrait y
« avoir dans le Royaume ».

Notre jeune voyageur admire aussi dans les fabriques de Lyon les métiers à tisser qui, se levant et s'abaissant, forment les dessins sur les étoffes de soie, d'or et d'argent, mais dont la mise en train exige 4 à 5 mois de préparation. — N'oublions pas que nous sommes en 1719, soit trois quarts de siècle avant la géniale invention de Jacquart.

Mais J.-B. Fleutelot n'admire pas tout : si les Lyonnais lui paraissent intelligents et empressés à être agréables aux voyageurs, du moins il critique sévèrement le jeu, « qui est dans leurs coutumes et « où prennent part beaucoup de fripons » ; et les femmes « qui sont très adroites à s'attirer des complai-
« sances ; il faut bien se garder de badiner ou
« s'amuser avec elles ; les suites en sont des plus
« dangereuses. » Aurait-il parlé ainsi par sa propre expérience ? — Il nous vante ensuite l'Opéra, la Comédie et l'Académie de musique « qui concerte
« deux fois par semaine, toujours bien remplie de
« beau monde. »

Cependant, nos deux voyageurs poursuivent leur

itinéraire, et descendent le Rhône, sur des bateaux dont ils remarquent la structure, « beaucoup plus « élevée sur la proue et plus pointue que ceux dont « on se sert sur la Saône, ce qui fait qu'ils coupent « mieux l'eau que ces derniers. »

Au cours de la descente, ils voient les villages, les maisons de campagne qui ornent et animent les rives du fleuve, ils passent devant les premières vignes du Lyonnais, plantées par les Romains qui les avaient apportées de la Dalmatie, dit-il ; et, fort curieux trait de mœurs, il nous apprend que « lors-« que les bateaux, coches d'eau ou diligences passent « les uns auprès des autres, soit qu'ils remontent, « soit qu'ils descendent, tous ceux qui sont dessus « de part et d'autre se disent et crient toutes les « injures les plus atroces et les plus extraordinaires. « Et cette criaillerie dure jusqu'à ce qu'on se soit « perdu de vue et qu'on ne puisse plus s'entendre. « On en use de même lorsqu'on passe auprès et au-« dessous des maisons de plaisance qui bordent la « rive, où chacun est aux fenêtres, maîtres, femmes, « enfants, domestiques, au besoin avec des porte-« voix. Et toute extraordinaire et comique que soit « cette cérémonie, qui est assez longue, cependant « elle ne produit aucune gravité. Et tout se fait et se « dit sans tirer à conséquence. Les meilleurs amis « qui se rencontreraient sur deux bateaux différents « ne pourraient s'empêcher de se dire des injures. »

C'était donc la mode, la tradition, mais qui concorde peu avec l'exquise politesse française, si justement réputée. Il m'a paru piquant de signaler cette singulière coutume, dont on ne trouve, je crois, aucune autre trace dans les Mémoires du temps.

Cette descente du Rhône est donc très pittoresque à tous les points de vue. Elle se termine à l'arrivée « en Avignon » qui appartenait encore aux Papes et à l'Inquisition, dont s'indigne le jeune fils du conseiller au Parlement; il visite la ville, ses belles demeures, ses églises, et la synagogue, sans nous faire remarquer cependant de quelle tolérance et de large esprit était animée la Papauté envers les Juifs, très nombreux dans cette ville et dont il nous décrit le costume spécial ainsi que les riches toilettes de leurs femmes, « toutes très belles ». Je passe sur une coutume fort curieuse des jeunes mariées juives, et à propos desquelles notre voyageur de 17 ans me semble avoir été d'une rare précocité.

Puis, il gagne Cavaillon où les Juifs payent un tribut « de même que ceux qui sont en Avignon ». Et de là, très incommodés par la poussière et le sable, après avoir failli couler à fond en traversant la Durance en chaise de poste sur une barque plate — ce qui donne une idée des difficultés et des multiples dangers devant lesquels ne reculaient cependant pas, il y a deux siècles, ceux qui avaient la passion des voyages, — les Fleutelot arrivent à Orgon, où ils se reposent de leurs fatigues.

Quant ils reprennent leur route, le manuscrit fait défiler devant nous Sénas, Lambesc, Saint Cannat, qui est écrit *Saint-Cannate*, pour reproduire évidemment l'accent du pays.

Mais nous ne suivrons pas nos voyageurs dans les diverses villes où s'arrête leur fantaisie ; nous les laisserons refuser de séjourner à Alain, chez le marquis de ce nom, malgré « le grand empressement qu'il leur en fit. » A Aix, ils admirent « le magnifique « Cours, embelli de trois fontaines » — il ne parle pas des eaux chaudes — ; ils visitent des cabinets curieux, remplis de rares antiquités, le Palais du Parlement, « très magnifique par la façade seulement, avec le « buste du roi Henry IV sur le portail, dominé par « les armes du roi René ». Nous passerons sur l'aridité des environs de Septêmes et sur la simplicité de la description de l'admirable panorama qui, à La Viste, se déroule à leurs yeux, car nous avons hâte d'arriver avec eux à Marseille, qui aura certainement pour nous un intérêt beaucoup plus direct et puissant.

J.-B. Fleutelot nous apprend tout d'abord que cette ville, la plus ancienne du gouvernement de France, n'a pas voix aux États du pays : ce qui lui vaut d'être exemptée des charges et impositions. — La situation a bien changé pour nous, depuis... — Il admire le port, dans lequel les vaisseaux, galères et autres bâtiments de mer sont à l'abri des orages — il veut dire des tempêtes, — et des corsaires qui ne peuvent y aborder pour piller, car le Château-d'If « très beau fort avancé de plus d'une heure en mer,

« et muni de bonne artillerie, couvre l'embouchure
« de ce port, soutenu de gauche et de droite par
« deux forteresses défendues elles-mêmes par trois
« autres qui commandent la mer et, en outre, les
« uns aux autres ; en sorte que le port est à couvert
« et que, au premier coup de canon, ils se répon-
« dent tous des uns aux autres lorsqu'il est néces-
« saire, en temps de guerre, comme en temps de
« paix, lorsqu'il y arrive quelque accident. »

Quant au « Château le plus élevé », qui est Notre-Dame de la Garde (qu'avaient déjà visité Chapelle et Bachaumont, et dont Scuderi avait été gouverneur en 1650), nous voyons qu'il signalait parfois des galères barbaresques, auxquelles on allait aussitôt donner la chasse ; et la population marseillaise gagnait alors les hauteurs pour voir ce spectacle. Nos voyageurs firent, un jour, de même : mais le brigantin ennemi « profitant du vent, fit une route
« qui, dans peu, l'éloigna de ce parage, d'autant
« qu'il était très bon voilier, et aussi léger qu'un
« oiseau qui fend l'air. Il lâcha une volée de canon,
« à laquelle il fut répondu depuis les forts : mais,
« coups perdus : on était trop éloigné. Cependant,
« cette chasse que l'on donnait à un petit ennemi
« ne laissa pas que d'avoir son agrément, et fit
« passer un peu de temps avec assez de diver-
« tissement. »

La prise d'Alger, après le coup d'éventail reçu par mon parent M. le consul Deval, ne fit cesser que cent dix ans plus tard ce genre de distraction populaire, très fréquent à l'époque.

Mais, nos voyageurs continuent leurs visites au Château-d'If, ainsi nommé parce que le rocher sur lequel « il est assis estait autrefois très fertile en « arbustes de ce nom » ; à Ratoneau, gardé par un gouverneur et, — le croirait-on aujourd'hui, — par 300 hommes ; au fort de la Tour Saint-Jean, où il n'y en a que 25. — Aujourd'hui, c'est une caserne ; — à l'Arsenal, dont il décrit le parc, la salle d'armes, longue de 800 pas, avec les sabres, pistolets, pertuisanes, fusils, mousquetons, sur des râteliers à double rang, de quoi armer 20.000 hommes, dit-il ; les trophées artistement conçus et disposés, avec des mannequins bardés de fer et à figure humaine, que l'on prendrait pour des sentinelles préposées à la garde de ces merveilles. — Il décrit ensuite la Corderie, « à trois étages, d'une longueur prodigieuse, « où sont tressés des câbles et cordages, gros comme « la cuisse. » — Le Chantier, où il voit deux vaisseaux à deux ponts et demi en construction, percés à 72 canons : il monte par une échelle sur l'un d'eux qui n'était encore qu'à moitié d'élévation, et « l'ou-« vrage cependant avait déjà 25 pieds de hauteur, « c'est-à-dire plus de huit mètres. »

Tenant compte de l'immersion, une fois le navire lancé, et chargé, nous avons là une idée de ce qu'étaient ces superbes vaisseaux « de convoi et de « ligne, avec leurs châteaux », dont plusieurs avaient été dessinés par Puget, et qui étaient des chefs-d'œuvre d'architecture navale.

Le soir de cette visite, et comme c'était un jour de

fête, les Fleutelot virent « plus de 400 engins, tant
« chaloupes qu'autres barquettes, que des jeunes
« gens de la ville faisaient voguer eux-mêmes à la
« voile et à la rame pour se divertir : la plupart y
« avaient fait porter la collation, les uns avec des
« violons, d'autres des hautbois, d'aulcuns avaient
« des tambourins et fifres. Quelques-uns y faisaient
« concert de voix, et c'était un spectacle fort diver-
« tissant et très récréatif tant à la vue qu'à l'ouïe. »

Le tableau est joli, il a la couleur et l'animation d'une marine de Vernet. — Mais nos voyageurs eurent, le jour suivant, un spectacle d'un tout autre genre : c'étaient les obsèques de M. de La Pelleterie, chef d'escadre des galères, mort la veille : les détails de cette « pompe funèbre » sont très intéressants, depuis les soldats avec un crêpe sur le mousquet porté sur le bras et la crosse en l'air, les officiers « avec une fontange noire autour de leurs espontons qu'ils portaient pareillement la pointe en arrière »; quatre d'entr'eux portant, chacun, un coin du drap qui était sur la bière, ornée de l'épée du défunt ; et jusqu'à la cérémonie dans l'église, où chaque soldat tire son coup de fusil sur la place en laquelle a été mis le corps de l'officier.

On pourrait être surpris que ce Journal d'un voyage à Marseille ne fasse en aucune façon mention de la Cannebière, d'autant plus que cette avenue superbe vers le port semble caractériser Marseille, et, quelquefois, avec une certaine ironie de la part des voyageurs. Mais c'est que, au commencement du xviiie siècle, la Cannebière était loin de se montrer telle qu'on l'a vue depuis : la ville était surtout étagée sur la partie Nord, et l'Arsenal des galères occupait toute la partie du couchant et du midi, sur laquelle s'étendait autrefois le marais formé par le Jarret avant qu'on l'eût détourné de son cours, à partir du pont des Chartreux — car on avait craint qu'il ne finît par ensabler le port... — Toute la partie conquise sur ce marais, au midi et au couchant, avait été, par la suite, occupée par l'Arsenal. Elle figure sur les anciens plans de Marseille sous le nom de « Plan Fourniguier », et elle était séparée de l'autre par une clôture datant de 1406, qui était à peu près par le travers de la rue Paradis d'aujourhui. Quand les Fleutelot arrivèrent dans notre ville, la clôture venait d'être remplacée par de hautes maisons à deux étages qui, de la Cannebière, interceptaient encore plus la vue du port.

Ce n'est que lors du transfert à Toulon de l'Arsenal des galères de Marseille, que la ville devint propriétaire — en 1763 — de cette autre partie qui, dès lors, n'en fit plus qu'une avec celle, se terminant du côté de l'Est, au Cours, et que, cent ans auparavant, Puget avait voulu orner d'une magnifique colonnade circulaire; le dessin en existe au Musée de Marseille; mais, grâce aux intrigues d'un rival aixois, et à l'indifférence des échevins de Marseille, ce projet n'eut malheureusement aucune suite. Quant au Cours lui-même, que Mathieu Portal, élève de Puget, avait embelli de constructions régulières, il n'excita pas l'admiration de MM. Fleutelot père et fils; ils le trouvèrent moins beau que celui d'Aix, quoique « planté de très beaux arbres tous « bien venus et bien entretenus, et orné de part et « d'autres de très agréables maisons. »

Mais ce qui paraît avoir surtout intéressé nos voyageurs, ce sont les galères et les galériens, car le « Journal de voyage » leur consacre de très nombreuses pages. Ils avaient eu la bonne fortune de rencontrer à Marseille, un Dijonnais, M. de Fontette, qui y était capitaine de galères. Nous connaissions déjà M. de Fontette, avant que nous en parlât le manuscrit Fleutelot, car le président de Brosses l'a cité dans ses « Lettres Familières » lorsque cet aimable magistrat fit en 1739 son célèbre voyage en Italie; en passant par Marseille, il fut reçu par ce même concitoyen qui allait reconduire la duchesse de Modène à Livourne, et qui le combla de bonnes manières, comme il avait fait vingt ans auparavant, pour MM. Fleutelot et son fils.

M. le comte de Fontette-Sommery mourut quelques années plus tard, chef d'escadre.

Mais, lorsque ses amis de Dijon arrivèrent à Marseille, en 1719, cet officier venait de recevoir l'ordre de faire voile pour le siège de Rosas avec toutes les galères qui se trouvaient prêtes pour cette expédition. Il voulut bien offrir à MM. Fleutelot de les prendre à son bord toute une journée « pour « voir l'équipage faire la manœuvre de manière à « tenir la mer. »

Nous avons ainsi la description de la galère et des civilités et politesses qu'y reçurent les invités. Nous voyons quelle discipline de fer régnait parmi les sept à huit cents hommes, soldats, matelots et galériens qui y étaient embarqués : un des soldats ayant répondu un peu cavalièrement à un ordre, fut aussitôt condamné à être mis à la chaîne durant huit jours ; — ce qui fut exécuté sur le champ. — C'était le moindre châtiment qui pût être infligé sur mer par les officiers, et la justice y était « prompte, rigoureuse, et très exactement exercée ». — Il faut remarquer que ceci se passait deux siècles avant que le citoyen Pelletan fût ministre de la Marine.

Cependant, la galère se met en marche, et J.-B. Fleutelot nous décrit son émerveillement de la légèreté avec laquelle se meut cette énorme machine fournie de tant d'attirail, chargée de tant d'hommes et de munitions de bouche et de guerre ; mais, en attendant l'heure du dîner, il ne s'attarde pas à admirer le panorama des côtes qui se déroule de plus en plus élargi à ses yeux : frappé par la gravité du châtiment, le fils du Conseiller au Parlement de Bourgogne se fait expliquer les diverses natures de punitions, à bord ; et nous apprenons ainsi qu'« après
« les huit jours de chaîne pour une faute légère, il
« y a la mise aux fers quand la faute est plus consi-
« dérable : c'est-à-dire qu'on attache le condamné à
« une grosse barre de fer qui traverse un anneau
« ouvert lequel embrasse le dessus du cou-de-pied ;
« et, en cet état, l'homme reste à l'éperon qui est au

« devant du vaisseau, pour autant de jours qu'il a
« été ordonné. S'il y a faute plus grave encore, ou
« simplement *récidive*, le coupable est amarré, c'est-
« à-dire attaché à une corde qui passe par une poulie
« suspendue à la vergue du grand hunier, et on le
« hisse : puis, on abandonne la corde, et on le laisse
« tomber dans l'eau, ce qui se fait autant de fois que
« l'a ordonné le Conseil de guerre. Mais il faut que le
« pauvre patient ait bien soin de se tenir cuisses et
« pieds serrés et croisés, sans quoi il court risque,
« les tenant ouverts, d'être fendu par le milieu par
« l'eau, de la force et rapidité qu'il tombe ».
— C'est ce qu'on appelait l'Estrapade.

« Il y a encore une autre manière de la donner,
(ajoute Fleutelot) : « mais elle ne se pratique que
« dans les fautes graves et même dignes de mort :
« ce qui s'appelle donner la cale sèche : car, au lieu
« de vous laisser tomber dans l'eau, c'est sur le pont
« du bastiment : en sorte qu'un corps est brizé, dis-
« loqué et hors d'état de pouvoir plus servir quand
« il a passé par ce châtiment, s'il n'en meurt pas. Il
« y a, enfin, punition jusques à la mort, et dès que
« ce jugement a été une fois prononcé par le Conseil
« de guerre, il est mit à exécution sans appel : C'est
« quoi j'eus le temps de me faire instruire en atten-
« dant l'heure du dîner. »

C'était un « apéritif » d'un goût particulier, et
notre jeune narrateur ajoute : « La règle est si bien
« observée sur mer et les bords, que l'on y voit
« jamais arriver du désordre. Les matins et le soir

« lorsque l'on sonne la petite cloche, l'aumônier
« vient faire la prière, après laquelle l'équipage va
« déjeuner ou souper; les jours de feste et diman-
« che, il célèbre la sainte messe lorsque le temps le
« permet étant en mer : car il peut arriver ou une
« tempeste ou un roullis, ce qui empesche qu'on ne
« dise la messe. A midy, l'Angelus sonne, après
« quoy chacun de l'équipage court à la gamelle,
« c'est-à-dire, va au cocq : c'est ainsi que s'appelle
« le matelot qui a soin de faire cuire les légumes et
« viandes des autres, pour y prendre dans une petite
« auge de bois reliée comme des rondottes de ce pays,
« la soupe et la viande de ceux qui font plat avec luy.
« Ordinairement, on est six ou sept qui mangent
« ensemble. Enfin, on peut dire que le service de
« mer et les heures si observent aussy régulièrement
« et avec plus d'exactitude que dans un monastère
« le plus réformé. »

Ces usages, et cette assimilation, ne feraient-ils pas frémir aujourd'hui, MM. Thompson ou Pelletan, ces ministres civils et si indulgents de la Marine française !... et avec d'autant plus de stupéfaction que cette discipline si sévère n'était maintenue que par quatre officiers, maîtres absolus de 800 hommes environ... Mais « la loi était observée.

« La loi, — a dit Bossuet, — a, par son équité, deux
« grands effets : ou elle dirige ceux qui obéissent,
« ou elle rend punissables ceux qui se révoltent ».
Les rigueurs relatées par Fleutelot étaient donc la plus sûre garantie de la discipline, indispensable à bord

et dans les arsenaux. Mais l'Inscription maritime a bien atténué, peu à peu, les punitions : un sentiment plus humain s'est introduit dans les règlements, et l'estrapade a été complètement supprimée sous Louis Philippe, c'est-à-dire un siècle après que Montesquieu avait écrit que « punir comme des scélé-
« rats des gens qu'on ne saurait regarder comme des
« hommes méchants, est la chose du monde la plus
« contraire à l'esprit d'un gouvernement modéré. »

Il est curieux que la variété de ces punitions et la cruauté de ces supplices aient si vivement intéressé un jeune homme, et qu'il leur ait consacré près de dix pages de son « Journal de voyage », tandis qu'il ne décrivait qu'en quelques lignes la beauté des monuments ou les détails des mœurs. Il est probable, d'ailleurs, qu'il s'était fait donner par les quartiers-maîtres, sur ce sujet, des notes qu'il aura transcrites tout au long, car ces détails si précis ne peuvent en avoir été retenus après une simple causerie sur le pont dans la journée passée à bord de la galère, et dont la réception et les repas semblent avoir pris une grande partie ; et, là encore, notre jeune voyageur est intéressant à suivre.

D'abord, Fleutelot constate avec quelque surprise, que la galère continue à faire route pendant que l'on dîne, servi par des Turcs « de fort bonne mine
« et très lestement vestus, culottes et camisole avec
« un petit bordé d'or et un bouton de même —
« linge très blanc, bas de fil blanc et souliers de

« peau grisâtre ; mais ayant au pied un anneau, car
« ils sont en quelque manière esclaves. »

Quoique nul serf en France, se hâte d'ajouter le jeune bourguignon : mais ces hommes se vendaient volontairement pour être forçats sur les galères, et servir les officiers. Quant aux vrais galériens, ceux qui servaient et travaillaient parce qu'ils avaient été condamnés, ils étaient toujours enchaînés et assis sur leurs bancs pour être prêts à ramer au premier coup de sifflet. « Ce n'est qu'avec cet instrument
« que se fait toute la manœuvre sur mer; selon
« qu'il est donné, on presse et on cesse le travail ;
« aussy, tout y est fort attentif, matelots et galériens ;
« et lorsque quelqu'un y manque, on réveille les
« pauvres galériens avec un gros et long cordon qui
« frappe non seulement sur les paresseux, ou celui
« qui ne ramerait pas à propos, et également, mais
« tombe encore sur tous ceux qui sont sur la mesme
« rame au nombre de cinq. Et quand aux matelots
« qui manquent en quelque chose à la manœuvre,
« ce sont les maîtres, contre-maîtres et quartiers-
« maîtres qui les éveillent à bon coup de demy
« cercle qui leurs servent de canne et dont ils frap-
« pent fort et ferme sur les épaules de ceux qui
« sont tombés en faute. »

Cependant, le jour baisse, et l'on jette l'ancre pour passer la nuit. Un officier fait armer une chaloupe avec 24 Turcs pour retourner à Marseille prendre les poudres, car il était interdit, par crainte

d'accident, de les embarquer avant que les vaisseaux fussent hors du port. — Il est bien regrettable que les règlements actuels ne contiennent plus une aussi utile précaution. — Nos voyageurs profitent de cette chaloupe pour rentrer à Marseille dont ils étaient déjà éloignés de 3 ou 4 lieues ; et, une fois à terre, ils voient le long du quai de l'arsenal de petites boutiques tenues par ceux des galériens qui ne peuvent travailler « et qui, moyennant deux sols par jour
« payés au garde-chiourne, ont la permission d'aller y
« vendre les menus objets qu'ils sont habiles à confec-
« tionner pour se procurer par là quelques douceurs ;
« celui qui ne sait point de métier et celui qui ne
« voulu point aprendre, on lui donne un boulet et
« un couteau pour le dérouiller jusques à ce que ce
« boulet soit bien poli et bien luisant ; et tous les
« jours ils essuyent un certain nombre de coups de
« nerf de bœuf. Ce traitement, qui n'est pas trop
« doux ny gratieux, les oblige à la fin à aprendre le
« métier auquel ils se croyent le plus propre. »

C'était un moyen comme un autre de développer les aptitudes naturelles... Et quand un forçat s'échappait, de sa galère, où ils devaient tous rentrer le soir pour y être enchaînés jusqu'au lendemain matin, le Comité, dit Fleutelot, « en est responsable et paye
« aux officiers mil livres pour un Turc et cinq cents
« livres pour un galérien ; et faute de payement les
« Comités sont mis à la place des fugitifs. Aussy,
« sont-ils très exacts à les dechaîner et enchaîner
« eux-mêmes soir et matin. Quelquefois cependant,

« malgré leur exactitude, il ne laisse pas que de
« s'échapper quelqu'uns de ces malheureux, mais
« qui sont toujours tost ou tard ramenés par des
« paysans auxquels on donne 60 livres pour chaque
« fugitif qu'ils prennent ».

Ces détails sur les galères et les galériens prennent, on le voit, beaucoup plus de place dans le journal de Fleutelot que la description de la ville, de son Cours, de ses monuments. Il dit quelques mots sur l'Abbaye de Saint-Victor et sur son trésor, que la Révolution pilla et dispersa 75 ans plus tard ; il visite la Bourse, « où tous les négociants s'assem-
« blent pour conférer de leurs affaires en prome-
« nant ; dès que l'on aperçoit que quelqu'un d'en-
« tr'eux y manque, deux jours de suite, on est alerte
« pour savoir d'où provient leur absence, et l'on
« s'informe sous main s'ils sont malades — ou s'ils
« ont quitté la ville pour faire banqueroute. »
Notre voyageur est amené, dès lors, à parler du commerce de Marseille, « le plus beau, dit-on, et
« curieux ; il se fait tout dans le Levant, les vais-
« seaux allant à Alep, en Syrie, d'où ils rapportent
« les soies, le coton et quantité d'autres drogues,
« la rhubarbe, etc., d'autres passent à Tripoli, St-
« Jean d'Acre, Saffi, Thunis, Alger, le grand Caire,
« où ils trafiquent de café, cochenille, étoffes de
« soie d'or et d'argent des Indes, porcelaine des
« Indes et du Japon qui sont d'un très grand prix, et
« vernis de la Chine. Et quelquefois, ils rapportent

« des pierres précieuses avec des perles. C'est à
« Marseille où tous les chevaux barbes qui viennent
« de la côte d'Afrique sont débarqués et vendus
« bien chèrement aux escuyers des divers princes. »

J.-B. Fleutelot pense que ce sont les bénéfices résultant de ces divers commerces qui, enrichissant rapidement les négociants marseillais, leur permettent de mener une vie aisée, agréable soit en ville, soit dans leurs bastides « ayant chacune son jardin
« et une petite vigne joignant, le tout bien cultivé et
« entretenu, au nombre de 18.000 aux environs seuls
« de Marseille, suivant le dernier état qui en a été
« fait, et dont la plus éloignée n'est pas à une lieue
« ou une lieue et demie de la ville. Lorsqu'on y vat,
« on peut s'asseurer d'y estre très bien venu et
« encore mieux reçu ; ces maisons, quoique petites,
« sont extrêmement propres et ornées dans le dedans,
« et chacune, dans son espèce, paraît un petit, mais
« très joly château. »

Il faut croire que l'aspect en était bien changé depuis Chapelle et Bachaumont, puisque dans leur fameux « Voyage » ils avaient dit, de ces bastides dont ils avaient vu, eux aussi, toute la campagne couverte : « le grand nombre en est plus surprenant
« que la beauté, car elles sont toutes fort petites, et
« fort vilaines. » — Mais J.-B. Fleutelot était à un âge où l'on voit facilement tout en beau : « on récolte
« dans ces bastides », ajoutait-il, « des fruits d'un
« goût exquis, en abondance, et de toutes espèces,
« des figues plus grosses qu'un œuf, et des raisins
« comme les plus gros melons en Bourgogne. »

Ceci n'est-il pas un peu excessif ? — Plus tard, le président de Brosses écrivait de son côté qu'il avait été « réjoui au possible en voyant, en Provence, de « petits polissons sur des ânes, manger des oranges « en menant du fumier. »

Fleutelot ne parle pas des oranges, mais il loue aussi le gibier, « d'un goût très excellent, dit-il, et le poisson « abondant et à bon marché, tandis qu'en « Bourgogne il est à un si haut prix. Fleutelot « constate que c'est une très bonne nourriture qui, « en outre, épargne fort sur la vie économique et « domestique. »

Il aurait été intéressant, à ce sujet, de savoir dans quel hôtel étaient descendus nos voyageurs, quels prix l'on faisait payer à cette époque, et s'ils apprécièrent « la Bouille-abaisse » qui n'est, certes, pas d'invention moderne. Le *Journal* ne nous en dit rien : mais je suppose qu'ils étaient hébergés à l'hôtellerie de « la Pucelle », ou à celle, voisine, de la « Croix de Malte », qui étaient les deux meilleures de Marseille à cette époque, et dont les prix étaient fort élevés puisque nous savons par Augustin Fabre (1) que d'Assoucy y paya une omelette 4 livres, et qu'il s'écriait avec amertume : « Que « m'eût-on fait payer si, au lieu des œufs, j'avais « mangé la poule ! »

Mais si Fleutelot nous laisse ignorer ces détails, nous ne pouvons qu'être flattés de son appréciation si favorable sur les produits du sol provençal,

(1) *Les Rues de Marseille*, Tome III, page 17.

comme aussi du jugement qu'il porte sur les mœurs aimables, sur l'heureux caractère des marseillais : « il paraît — dit-il — que, tant hommes que « femmes, ils sont sobres et d'une humeur gaie, « enjouée, gracieux, fort alertes. C'est le naturel du « pays, auquel le gain considérable et journalier « qu'ils font par leur commerce ne contribue pas « peu. »

Hélas, on était en 1719, et, l'année suivante, le tableau aurait eu de bien plus sombres couleurs : Marseille devait voir son port mis à l'index, et sa population réduite de moitié par un terrible fléau qui ne céderait pas aux plus héroïques dévouements. Il est vrai que les Fleutelot n'y seraient pas venus faire un voyage d'agrément ; mais du moins, un an avant que la peste ne ravageât Marseille, ils purent voir cette ville sous les couleurs les plus riantes : Jean-Baptiste nous décrit les danses « au son du « fifre et du tambourin, divertissement qui n'est « point à mépriser ».

Et il loue « la légèreté de la cadence » comme aussi le plaisir délicat qu'il goûte dans les salons marseillais : il nous dit quel charme il trouva dans la société marseillaise « fort avenante et polie. » Il y avait des causeries très agréables chez la baronne de Montolon qui était le centre et le foyer d'une société d'élite. « Elle recevait toutes les après-midi « tout ce qu'il y avait de plus notable et de distinc- « tion : on y rencontrait des femmes charmantes, « toutes des plus prévenantes et polies surtout à

« l'égard des étrangers qu'elles ont grande attention
« d'entretenir et de désennuyer par leurs conversa-
« tions, qui sont très agréables et point du tout sté-
« riles. » Nous voyons par là que la réputation de
nos salons marseillais, si ouverts et si accueillants,
n'est donc pas récente.

Fleutelot parle aussi de l'Académie de musique
« dont la salle, fort grande, était éclairée par une
« quantité de bougies. La symphonie y est fort bien
« exécutée, et les voix en sont des plus belles et des
« mieux choisies. La ville dépense 12.000 livres par
« an pour cette Académie, fort au-dessus de celle de
« Lyon et beaucoup plus belle que celle d'Aix ». —
C'était l'Opéra, créé à Marseille en 1685 ; et l'on sait
que Mme de Sévigné écrivait à sa fille qu'on ne pou-
vait désirer un spectacle plus parfait. Je pense que
les Fleutelot virent représenter *la Chasse d'Enée et
de Didon*, le fameux opéra de Campra, célèbre chef
d'orchestre né à Aix, et que l'on donnait très régulièrement, à cette même époque, avec le *Malade
Imaginaire*, de Molière, car le théâtre réunissait les
deux genres, dans une vaste et magnifique salle
située au commencement de la rue Saint-Ferréol,
à droite ; mais qui était en bois, comme le fut
plus récemment la Bourse provisoire, sur la place
Royale ; plus tard, l'opéra fut représenté dans la
salle de la rue Vaccon sur l'emplacement de laquelle
a été édifiée la halle Charles-Delacroix, et la comédie
était jouée dans une salle de la rue du Vieux-Concert
(aujourd'hui rue Pavillon), où sont établis les maga-
sins de la Belle Jardinière.

Il est possible cependant que Fleutelot ait voulu parler de la Société des Concerts (1), qui avait été fondée en 1716, par le maréchal de Villars, trois années seulement avant que nos voyageurs Bourguignons vinssent en Provence. Les concerts se donnaient dans l'immeuble de la rue Venture qui porte aujourd'hui le n° 10, et ils étaient déjà célèbres : — nous savons par Mme de Grignan que c'étaient les plus beaux que l'on pût entendre ; — la population marseillaise a toujours été reconnaissante envers l'illustre maréchal qui avait favorisé le goût public pour l'art musical comme pour l'art lyrique et dramatique, — et pour les Belles-Lettres aussi, puisque c'est à lui encore que l'Académie de Marseille dut sa création, en 1726.

— Mais enfin, quelque enchantés qu'ils fussent de leur séjour à Marseille, MM. Fleutelot durent se résoudre, non sans regrets, à quitter cette ville, si agréable et si intéressante à divers points de vue. Après qu'ils ont tout visité, tout bien vu, bien admiré, et assez bien décrit, nous les laisserons

---

(1) Rappelons à ce sujet que *le Concert de Marseille* fut transporté plus tard dans une magnifique salle construite (en 1766) sur la partie sud de la place Royale, mais qui fut *démolie* en 1795 par ordre de Barras et de Fréron, délégués de la Convention, parce qu'on y avait tenu des assemblées réactionnaires... — Sous le premier Empire et la Restauration, les Concerts Thubaneau attestèrent à nouveau la puissance du foyer artistique de Marseille ; puis ce fut dans la salle Boisselot ; et en dernier lieu, c'est dans la salle Vallette, appartenant aujourd'hui à M. Louis Prat, que l'on donne de très beaux concerts classiques suivis, chaque dimanche, par 3.000 auditeurs passionnés de musique.

continuer leur voyage sur Toulon par la Sainte-Baume, et admirer en passant le trésor de l'Église de Saint-Maximin, « très bien fourni en vaisselle « d'argent avec quantité de pierreries » — ce qui explique qu'il ait été pillé pendant la Révolution. — De là, ils gagnent Toulon, dont ils admirent le port, la rade, les vaisseaux, pour remonter ensuite par Salon, et Arles où ils assistent à une « Ferrade ». Ils traversent la Camargue, Lunel, Montpellier, Nîmes, Mont-Limard, et s'arrêtent encore à Lyon, où ils sont « très bien reçus et régalés par un parent, « M. Delaube et Madame son épouse » ; et enfin ils rentrent en Bourgogne et à Dijon, qui, dit notre jeune voyageur, « valent mieux encore que tous les « beaux pays qu'ils venaient de parcourir ». — C'est le prestige, la douce influence du pays natal : dans les Mémoires de Berlioz, on lit que le grand compositeur, revenant de Rome en 1832, s'écriait à la vue de la vallée du Graisivaudan : « Non, il n'y a rien de plus beau en Italie ! »

C'est le cri du cœur, c'est la joie de l'enfant du pays qui revoit les lieux où s'écoula sa première jeunesse, et qui les place au-dessus de tout ce que les autres pays peuvent offrir de plus enchanteur.

— Tel est le résumé du voyage de J.-B. Fleutelot en Provence. Je crois en avoir donné une idée exacte, et si, on le rapproche des relations déjà connues de voyages en Provence, on sera d'avis que celle-ci aurait offert plus d'intérêt si le jeune écrivain y avait mis un peu de cet humour et de ces menus détails pittoresques que contient, par exemple, le « Journal de Preschac » (Paris, 1683. Livre II, pages 103 et suivantes), voyage fait en Provence également « et qui contient les antiquités les plus curieuses de « chaque ville et plusieurs histoires galantes » qui décrivent mieux les mœurs de l'époque.

Il est cependant plus véridique et plus détaillé, si non plus agréable à lire, que celui de Chapelle et Bachaumont, où Sainte-Beuve a vu un jeu d'esprit plutôt qu'un récit de voyage ; mais aussi, quelle gaieté fine et délicate !

Quant au Président de Brosses, j'ai eu occasion de le citer au cours de cette analyse, et il était naturel que cette relation de voyage du fils d'un Conseiller au Parlement de Bourgogne en 1719 me rappelât les lettres du Président au même Parlement qui, trente ans plus tard, fit en Italie en passant par Marseille un voyage dont la lecture est si attachante. On sait quelle science, quel agréable esprit et quelle élévation de pensée contiennent ces « Lettres familières » du Président de Brosses, ami et condisciple de Buffon ; mais je ne saurais comparer avec elles le « Journal » de Fleutelot : Bourguignons l'un et l'autre, chacun d'eux a un caractère bien différent : autant le Président saisit tous les détails et, comme l'a dit Buffon, « il ne laisse échapper aucun de ces « rapports fugitifs que le coup d'œil du génie peut « seul apercevoir », autant son jeune prédécesseur en Provence est sobre de réflexions, ou de considérations élevées et philosophiques, sur des mœurs ou des lieux qui mériteraient son attention, et une appréciation.

Il ne faut cependant pas perdre de vue que J.-B. Fleutelot n'avait que 17 ans lorsqu'il écrivait, sans prétention, ce « Voyage en Provence » ; mais son manuscrit, inconnu jusqu'à aujourd'hui, contient assez de détails pour constituer un document curieux sur la Provence et Marseille dans les premières années du xviiie siècle.

— J'ai voulu savoir ce qu'étaient devenus nos deux voyageurs, par la suite; et la notice de M. Gabriel Dumay m'a été, là encore, très utile : nous y voyons que le père, Claude Fleutelot, mourut en 1721, pendant que la peste ravageait et désolait cette ville de Marseille qu'il avait vue, deux ans auparavant, si prospère, si pleine de mouvement et de gaieté. — Quant à son fils, qui avait hérité bien jeune, nous l'avons vu, des goûts de son père pour les voyages, il est probable qu'il parcourut l'Europe comme l'avait fait Claude Fleutelot ; mais il paraît qu'il ne put s'accommoder aussi bien que lui de fonctions paisibles et sédentaires, car, rompant avec les traditions de la famille, il renonça à la magistrature. — Il épousa Angélique-Marie Sigauld, fille de Jean, maître ordinaire de la Chambre des Comptes, et de Marie-Anne de Préville. — Devenu plus tard seigneur de Chassans (canton de Gevray-Chambertin, arrondissement de Dijon), il resta simple gentilhomme et entra à son tour, en 1736, à la Chambre de la noblesse des États de Bourgogne. — Comme il le dit dans l'avant-propos de son « Journal », il n'avait ni frère ni sœur ; — et on ne lui connait pas de postérité.

Il fut sans doute, comme ses ancêtres, un bon citoyen, un homme juste, car il a fait preuve dans son « Journal de Voyage » d'idées simples et droites, d'un grand désir de s'instruire, et de sentiments qui peuvent surprendre de la part d'un tout jeune homme, presque encore un enfant ; car, y aurait-il, de nos jours, beaucoup de jeunes gens de 16 à 17 ans, qui pourraient tenir un tel journal ?

Mais, à cette époque, — reculée pourtant, — l'éducation et l'instruction étaient plus soignées qu'on ne le croit communément : Jean-Baptiste Fleutelot avait reçu une éducation supérieure, comme le prouve la dédicace en latin de son « Journal de Voyage » (1) ; et, par la généalogie qui est en tête de mon étude analytique, n'avons-nous pas vu que son cousin germain, Philibert Jean, était entré dans la magistrature en 1733, alors que, né en 1714, il n'avait encore que 19 ans ? C'est que les fils de famille pouvaient de bonne heure occuper de hautes situations quand ils appartenaient, comme les Fleutelot, à ces fortes races de citoyens, à l'une de ces familles deux et trois fois séculaires qui étaient de vrais foyers d'initiative personnelle et de bien

(1) Voir la dernière page de cette Notice.

public. Les fils, vivant dans le respect du père, s'imprégnaient de bonne heure de sa dignité de vie, de ses principes d'honneur et de conscience ; ils se formaient à ses côtés et devenaient aptes, jeunes encore, à exercer, eux aussi, la charge et l'honneur d'un mandat public.

Les exemples en sont illustres : Montesquieu s'était appliqué de bonne heure au « Digeste », et, à 25 ans, il était Président à mortier au Parlement de Bordeaux. — Avant lui, Montaigne, qui avait terminé à 13 ans ses humanités, faisait aussitôt son droit pour être nommé Conseiller au même Parlement à 21 ans. — La Boëtie, qui publiait, à 16 ans, son *Traité de la servitude volontaire*, le fut à 22 ans. — D'Aguesseau était âgé de 23 ans seulement quand il fut nommé Avocat Général. — Ce n'était pas la faveur du Roi : c'était le vrai mérite, basé sur le savoir et la dignité de vie, qui rendait ces jeunes gens dignes de ces situations si hautes, et Corneille avait bien eu raison de dire que, aux âmes bien nées, la valeur — ou le mérite — n'attend pas le nombre des années.

Ces considérations paraîtront étrangères, peut-être, à l'objet de ce modeste travail ; mais j'y ai été entraîné par la lecture de ce manuscrit de J.-B. Fleutelot qui m'a rappelé ces « Livres de raison » desquels s'exhale, à travers les siècles, un parfum de bonne compagnie, de vertus privées et publiques que nous ne connaissons plus aujourd'hui, car le respect et les traditions n'existent plus ; et nous ne voyons plus des familles, consacrées en quelque sorte à la chose publique, transmettre à leurs descendances le désintéressement et la considération.

C'est la conséquence de l'amoindrissement des éducations. Nous ne pouvons que la regretter, en souhaitant que l'expérience d'un présent trop corrompu nous fasse revenir à un passé qui, malgré bien des vices, nous a laissé tant d'exemples de fières et mâles vertus.

Marseille, 25 mars 1905.

Fac-Similé de la première page du Manuscrit de J.-B. Fleutelot

Journal du voyage fait en Provence par M. Fleutelot fils de M. Fleutelot l'ainé, con^{er} au Parlement de Bourgogne en l'année 1719.

Ille non sibi sed omnibus

*Posteris
nepotibus et amicis
Marsiliense* (1) *iter
dicavit
Jean-Bap. Fleutelot
studio et curá
comitantis charissi-patris
Claude Fleutelot maj.
in supremà Burgundiæ curiá
Senatoris clarissimi
Anno 1719*

(1) Ce mot est ainsi orthographié dans le manuscrit.

www.ingramcontent.com/pod-product-compliance
Lightning Source LLC
Chambersburg PA
CBHW060704050426
42451CB00010B/1268